Jacques Offenbach

Kakadu

Komische Oper in drei Akten

Jacques Offenbach

Kakadu
Komische Oper in drei Akten

ISBN/EAN: 9783743693692

Hergestellt in Europa, USA, Kanada, Australien, Japan

Cover: Foto ©Thomas Meinert / pixelio.de

Weitere Bücher finden Sie auf **www.hansebooks.com**

Kakadu.

(Vert-Vert.)

Komische Oper in drei Acten

von

J. Offenbach.

Perſonen:

Mademoiselle Paturelle, Vorsteherin eines Pen-
sionats.
Valentin, ihr Neffe.
Mimi
Bathilde } Pensionairinnen.
Emma
Schwester Veronica.
Baladon, Tanzmeister | im Pensionat.
Binet, Gärtner |
Graf Gaston d'Arlange, Dragoner-Offizier.

Chevalier de Bergerac, Dragoner-Offizier.
Friquet, Dragoner.
Maniquet, Theater-Direktor.
Corilla, erste Sängerin.
Bellecour, Tenorist.
Ein Regisseur.
Purot, Gärtnergehilfe.
Mariette, Magd im Gasthofe.
Pensionairinnen. Dragoner. Schauspieler und
Schauspielerinnen.

Inhalts-Verzeichniß.

KAKADU

(Vert_vert)

KOMISCHE OPER IN 3 ACTEN

von

J. OFFENBACH.

OUVERTURE.

Allegretto.

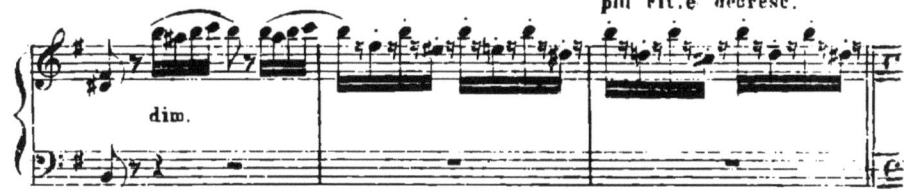

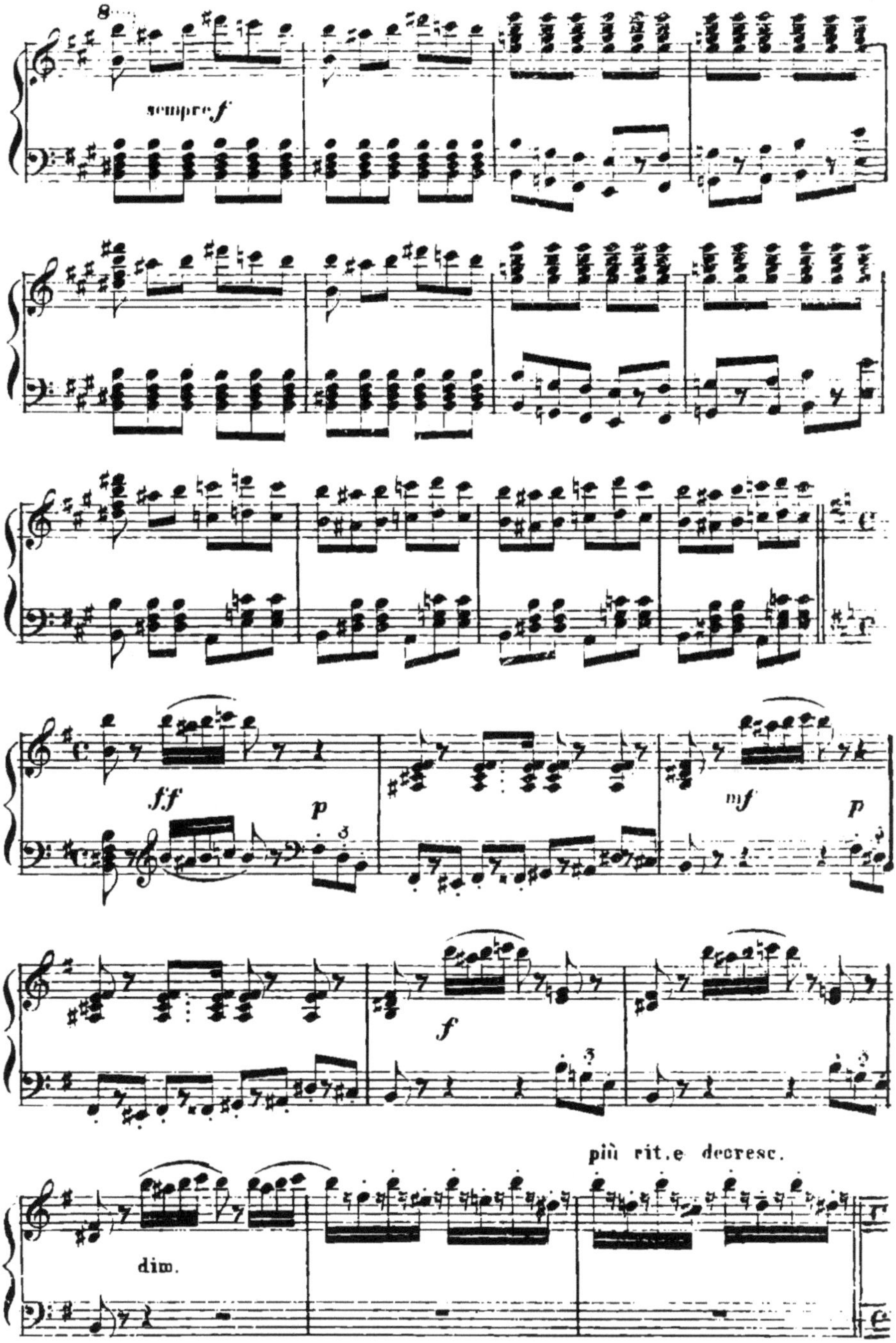
8
sempre f
ff
p
mf
p
f
più rit. e decresc.
dim.

6 Allegretto.

pp

pp

mf

poco cresc.

Allegro.

pressez le mouvement

Allegro marziale.

ACT I.
№ 1.
INTRODUCTION und COUPLETS.

PIANO.

Allegretto non troppo.

MIMI

Ach so hast-du uns ver-las-sen schöner theurer Ka_ka_
Hé_las pour l'é_ter_nel voy_a_ge, Vert_Vert te voi_la donc par_

du, dein Ge_fie_der muss er _ blas_sen, dei_ne Äug_lein fie_len
ti! Le vif é _ clat de ton plu _ ma_ge, N'est pourtant pas en _ cor ter _

Moderato.

MIMI

Doch auf dem Grab schickt es sich zu ent_fal_ten, wie durch
Mais sur sa tombe il con_vient qu'on cé_le_bre Ses ver

Allegro

EMMA.

Kraft und Ta_lent er sich mit Ruhm be_dacht! Es
tus ses ta_lenta et son tris_te des_tin. Va

БАТН.

Wo Valentin nun
Où donc est valen

soll ja Va_len_tin die Lei_chen_re_de hal_ten.
len_tin s'est char_ge de l'o_rai_son fu_ne_bre.

HOBB

Tempo I.
MIMI   VAL.

Wa _ rum kömst Du so spät? Meine
Vous ê _ tes en re _ tard. Mais on

Da _ men, ver _ zeiht nur dem ernstli _ sten Studium hab' ich mich ge _
doit m'ex _ cu _ ser Il me fal _ lait au moins le temps d'impro _ vi _

weiht, und die Re _ de zu hal _ ten bin ich jetzt be _
ser, Il _ me fal _ lait au moins le temps d'im _ pro _ vi

Allegro moderato.

reit!
ser.

22

№ 2.

LEICHENREDE DES KAKADU.

VALENTIN.

Wie glänzend und bunt seine Federn wa _ ren, da _
Il é _ tait beau brillant leste et vo la _ ge, Ai _

bei war er noch in den schönsten Jah _ ren, so zart und auch lebhaft, doch
mable et franc comme on l'est au bel â _ ge, Et tendre et vif, mais en _ core

unschuldsvoll, ein Pa _ pa _ gei, gra _ de wie er sein soll.
In _ no _ cent, Par son ca _ quet di _ gne d'être au cou _ vent.

Durch sein Ge _ plauder er _ warb er sich Freun _ de, er hat _ te wohl kei _ ne
Il ba _ var _ dait, Mais a _ vec mo des ti _ e, Il n'é _ tait point d'a _ gre _

PP

9070

24

Din-ge oft zu glei-cher Zeit_____ Leb
quatre en sty-les dif-fé-rents._____

wohl und ge-nie-sse die ew'-ge Ruh, wir wei-nen um dich, schöner
dieu Vert-Vert, pleurez pleu-rez mes sœurs. Ci-git Vert-Vert, ci-gi-sent

Ka-ka-du, schlaf wohl in Ruh mein Ka-ka-
tous les cœurs. A-dieu Vert-Vert Fleu-rez mes

du! O le-be wohl, schlafe in Ruh, wir wei-nen
sœurs! MIMI u. BATH. col Sopr. I.

EMMA col Sopr. II.
A-dieu Vert-Vert, Fleurons mes sœurs, Ci-git Vert-

pp ere - - sen -

9070

26

Zärtlichkei _ ten, ge _ hätschelt, ge _ füttert zu al _ len Zei _ ten, und
ti _ ons fi _ nes, co _ li _ fi _ chets, bisouits, bon _ bons, Prali _ nes, theu _

kein Pa _ pa _ gei hochge _ stellt wie er, hatt' es bei Ho _ fe so
reuxVert _ Vert s'embour _ rait cha _ que jour, Plus mi _ ton _ ne qu'un per _

gut als wie er; doch zu viel Lie _ be kann auch öf _ ter scha _ den
ro _ quet de cour. Mais de nos soeurs ô lar _ gesse in _ dis _ orè _ te

ihr habt mit Zu _ cker ihn so ü _ ber _ la _ den, bis er sich end _ lich den
Du sein des Maux d'u _ ne lon _ gue di _ è _ te, Passant trop tôt dans les

pp

9070

Ma _ gen verdarb, und plötzlich an Un _ ver _ dau _ lichkeit
flots de douceurs, Bourré de sucre et bru _ lé de li _

starb. Jetzt liegt er da, weil zu viel er ge _ fres _ sen, schmücket sein
queurs, Vert _ Vert tombant sur un lit de dra _ gé _ es, En noirs cy _

Grab mit Jasmin und Cy _ pres _ sen; nun er ge _ en _ det den ir _ di _ schen
près vit ses ro _ ses chan _ gé _ es, En vain vos soins tâchaient de re _ te _

Lauf, fliegt seine Seele zum Himel hin _ auf! _____ Leb
nir Son âme er _ rante et son dernier sou _ pir _____ A _

wohl und ge_nie_sse die ew2ge Ruh, wir wei_nen um dich,theurer
dieuVert_Vert,pleurez, pleu _ rez mes sœurs, Ci _ git Vert_Vert,Ci _ gi _sent

Ka_ka_du, schlaf wohl ___ in Ruh ___ mein Ka _ ka_
tous les cœurs, A˜_ dieu ___ Vert_Vert ___ Pleu_rez ___ mes

du!
sœurs!

MIMI col Sopr. I.

O le_be wohl, schlafe in Ruh, wir weinen

BATH. col Sopr.II. EMMA col Sopr. III.

A_dieu Vert _ Vert, Pleurons mes sœurs, Ci _ git Vert _

PP cre _ _ seen _

№ 3.

ENSEMBLE.

Fleh'n kann ich am En_de nimmer wi_der_stehn, Wohlan denn, so
sir, Il faut cé _ der à ce pressant dé _ sir, J'accep _ te j'ac_

sei est ja ich werde neuer neuer Kakadu, die_ses Opfer sei ge_
cep_te, Mais c'est bien pour vous fai _ re plaisir, pour vous fai _ re plai_

vite
rit.
bracht _____ wenn es Euch, mei_ne Da_men, schon Vergnügen
sir _____ mais c'est bien pour vous fai _ re plai_

Allegro moderato.

BATH. u. EMMA.

macht!
sir,
Nimm hin,
A toi,

nimm hin, was nur dein Herz be-gehrt, nimm hin, nimm hin Naschwerk und
A toi, tout ce qu'on peut man-ger. A toi, a toi, bonbons et

nimm hin, was nur dein Herz be-gehrt, nimm hin, nimm hin Naschwerk und
a toi, tout ce qu'on peut man-ger. A toi, a toi, bonbons et

VAL.

Hu Nasch _ werk
A moi bon _

BINET.

Er kriegt Naschwerk und
A lui bonbons et

was nur dein Herz be-gehrt, nimm hin Naschwerk und
tout ce qu'on peut man-ger A toi bonbons et

was nur dein Herz be-gehrt, nimm hin Naschwerk und
tout ce qu'on peut man-ger A toi bonbons et

8071

34

du, er ist da_hin, todt Ka_ka_du, es le_be hoch ja____
Vert! Vert_Vert est mort Vert_Vert est mort, vi_ve Vert_Vert! Ah!____

du, er ist da_hin, todt Ka_ka_du, es le_be hoch ja____
Vert! Vert_Vert est mort Vert_Vert est mort, vi_ve Vert_Vert! Vi _

du, er ist da_hin, todt Ka_ka_du, es le_be hoch ja____
Vert! Vert_Vert est mort Vert_Vert est mort, vi_ve Vert_Vert! Ah!____

Nu, er ist da_hin, todt Ka_ka_du, ach wie ver_gisst man
Vert! Vert_Vert est mort Vert_Vert est mort, pauvre Vert_Vert! Pau _

du, er ist da_hin, todt Ka_ka_du, es le_be hoch ja____
Vert! Vert_Vert est mort Vert_Vert est mort, vi_ve Vert_Vert! Vi _

du, er ist da_hin, todt Ka_ka_du, es le_be hoch ja____
Vert! Vert_Vert est mort Vert_Vert est mort, vi_ve Vert_Vert! Vi _

8071

Ka — — ka du!

ve Vert _ Vert vi _ ve Vert _ Vert

Ka — — ka du!

dich du Ka — — ka du! Da
vre Vert _ Vert pau — vre Vert _ Vert O

Ka — — ka du!

ye Vert _ Vert vi _ ve Vert _ Vert

seht die Fri _ vo _ len, wie trösten sie sich, der Teu _ fel soll's ho _ len, ich
se _ xe fri _ vo _ le Hé _ las c'en est fait! Un mot te con _ so _ le Un

är _ ge _ re mich, kaum ist er da _ hin, ist der Schmerz schon vorbei, ach
mot te dis _ trait. A l'instant s'en _ vo _ le Chez toi tout re _ gret, Ke _

VAL.

ar - mer l'A - pa - geil! Ihr gebt mir sü - sse Nä - sche -
las pau - vre per - ro - quet! Oui de Vert - Vert je prends la -

col canto

rei - en, her da - mit! gebt nur zu, ich will Euch
pla - ce, A - vec bon - heur. Du fond du

mei - ne Dien - ste wei - hen, bin ein treu - er Ka - ka -
coeur je vous rends grâ - ce, Ah! quel bon -

du! Ihr wollt es so, nun denn, wohl - an ich neh - ne
heur! Du fond du coeur Je vous rends grâ - ce! Ah! quel - bon -

die - sen Po - sten an! Ja ah!
heur - ah! quel hon - neur!

mf

9071

43

4071

44

du, es le-be hoch Ka-ka-du, er ist da-hin, todt Ka-ka-
mort, vi-ve Vert-Vert vi-ve Vert-Vert! Vert-Vert est mort Vert-Vert est

du, es le-be hoch Ka-ka-du, er ist da-hin, todt Ka-ka-
mort, vi-ve Vert-Vert vi-ve Vert-Vert! Vert-Vert est mort Vert-Vert est

du, es le-be hoch Ka-ka-du, er ist da-hin, todt Ka-ka-
mort, vi-ve Vert-Vert vi-ve Vert-Vert! Vert-Vert est mort Vert-Vert est

du, ach wie ver-gisst man dich im Nu, er ist da-hin, todt Ka-ka-
mort, pauvre Vert-Vert vi-ve Vert-Vert! Vert-Vert est mort Vert-Vert est

du, es le-be hoch Ka-ka-du, er ist da-hin, todt Ka-ka-
mort, vi-ve Vert-Vert vi-ve Vert-Vert! Vert-Vert est mort Vert-Vert est

du, es le-be hoch Ka-ka-du, er ist da-hin todt Ka-ka-
mort, vi-ve Vert-Vert vi-ve Vert-Vert! Vert-Vert est mort Vert-Vert est

9071

du, es le‿be hoch ja———— Ka - ka‿
mort! vi‿ve Vert‿Vert Ah!————

du, es le‿be hoch ja———— Ka - ka‿
mort! vi‿ve Vert‿Vert vi‿ve Vert‿Vert vi‿ve Vert

du, es le‿be hoch ja———— Ka - ka‿
mort! vi‿ve Vert‿Vert Ah!————

du, ach wie ver‿gisst man dich du Ka - ka‿
mort! vi‿ve Vert‿Vert pau‿vre Vert‿Vert pau‿vre Vert‿

du, es le‿be hoch ja———— Ka - ka‿
mort! vi‿ve Vert‿Vert vi‿ve Vert‿Vert vi‿ve Vert‿

du, es le‿be hoch ja———— Ka - ka‿
mort! vi‿ve Vert‿Vert vi‿ve Vert‿Vert vi‿ve Vert‿

50

8074

du, hoch Ka — ka — du, hoch Ka — ka —
Vert! vi — ve Vert — Vert! vi — ve Vert —

du, hoch Ka — ka — du, hoch Ka — ka —
Vert! vi — ve Vert — Vert! vi — ve Vert —

du, hoch Ka — ka — du, hoch Ka — ka —
Vert! vi — ve Vert — Vert! vi — ve Vert —

du, hoch Ka — ka — du, hoch Ka — ka —
Vert! pau — vre Vert — Vert! pau — vre Vert —

du, hoch Ka — ka — du, hoch Ka — ka —
Vert! vi — ve Vert — Vert! vi — ve Vert —

du, hoch Ka — ka — du, hoch Ka — ka —
Vert! vi — ve Vert — Vert! vi — ve Vert —

Tempo I.

du, le _ be hoch, le _ be hoch, Ka _ ka _ du, er le _ be hoch!

Vert! vi _ ve vi _ ve vi _ ve Vert _ Vert!

du, le _ be hoch, le _ be hoch, Ka _ ka _ du; er le _ be hoch!

du, le _ be hoch, le _ be hoch, Ka _ ka _ du, er le _ be hoch!
Vert! pau _ vre Vert vert pau _ vre Vert _ Vert!

du, le _ be hoch, le _ be hoch, Ka _ ka _ du, er le _ be hoch!

Vert! vi _ ve vi _ ve vi _ ve Vert _ Vert!

ff sempre

№ 4.
TERZETT.

sammen sä - he, den - ken sie, dass es um mei - nen Dienst ge -
vous sur - prenne Non ja _ mais! Et puis moi je per - drais ma

sche _ he, nein nie! nein nie! nein nie!
pla _ ce, Non non, ja _ mais, ja _ mais!

GAST.

Wie nie? wie nie?
Ja_mais? ja_mais?

BIN.

Nein, nie! Ich seh', da hab' ich kei _ ne
Ja _ _ mais. à la ri _ gueur Je vous per -

p

8072

anmé

müs_sen?
sen_ce?

Wie? dein Ge_wissen?
Ta consci _ en_ce,

BINET

Ei das be_ruhigt mein Ge_wis sen, ja mein Ge_wissen!
A ras_su_rer ma consci _ en_ce, Ma consci _ en_ce,

GAST

Wie? dein Ge_wissen?
Ta consci _ en_ce,

f anmé

BINET

Ver_lan_gen sie von mir nicht mehr,
Donc con_ten_tez vous de ce _ là.

f

GAST.   BATH.

sonst ruf das ganze Haus ich her!
On je m'en vais crier voi_là!

O ru_fe nicht! O ru_fe
Ne cri_ez pas Ne cri_ez

p

8072

Andante.

nah!
là.

GAST.

O lass mich in dei_ne dun_keln, in dei_ne
O la plus bel_le des a_man_tes, Je pour_

leuchtenden Au_gen sehn, wie lieb_li_che Ster_ne sie
rais com_pa_rer tes yeux, Aux é_toi_les é_tin_ce_

fun_keln, die glänzend dort am Him_mel stehn. Doch der
lantes, Qui sont la pa_ru_re des cieux. Mais au

cresc.

Himmel ist so ferne, und so nahe strahlt mein
crel l'étoile est lointaine, Et de près je vois tes beaux

Glück, die leuchtende Pracht der Sterne verdunkelt
yeux. Aussi c'est leur éclat, ma reine, Que ton a-

selber sich vor deinem Liebesblick. O wie mir das zu Herzen
mant que ton amant aime le mieux. Charme invisible de l'a-

BINET

suivez.

GAST.

geht, er spricht so schön wie ein Poet! Ich
mour V'là qu'Binet t'é-prouve à son tour. Je pour-

PP

fühl' es, welch himmli_sche Won _ ne aus dei_nen Zü _ gen zu mir
rais com_pa_rer en _ co _ re L'é _ clat de ta jeu_ne beau_

spricht, so glän_zend die herr_li_che Son _ ne be_glü_cket
té, Aux pre_miers ra _ yons de l'au_ro _ re Se le_

Al _ les mit ih _ rem Licht! Doch der_glei_chen Bil _ der nicht
vant sur un jour d'é _ té, Mais tous ces pro_pos de po_

pas _ sen, was ich füh _ le so in _ nig _ lich, lässt mit
è _ tos, Sont moins doux que deux mots bien courts Je

cresc.

cresc.

8072

BATH.

rüh _ ren,   es thut   bis zu Thränen mich   rüh _ ren! Wei _   ne,
bê _ te,   J'm'envais   pleu _ rer   com _ me une   bê _ te. Pleu _ rez,

GAST.

wei _ ne   dich   nur   aus,   ja   wei _   ne   a _ ber   Lass uns al _
Bi _ net, pleu _   rez,   pleu _ rez pleu _   rez   Bi _ net,   Et   lais _ se

BINET

lein,   o,   oh   ich   ken _ ne   ge _ nau   mei _ ne
nous.   Mais   mon de _ voir   me   re _ tient   près de

un peu moins vite
GAST.

Pflicht,   von der Stel _   le rühre ich mich nicht!   Wohlan es
vous,   Mon de _ voir   Me retient près de   vous,   Res _ te donc

9972

sei, bleiben wir zu drei n! Besser als ge _ trennt zu
là, Nous le vou_lons bien. Ce là vaut en _ cor mieux que

Moderato. très doux

sein!
rien,

Lie_ben_de, die sich ver_stehn, möchten gern al_

GAST. très doux

Lorsque l'on est a _ moureux, C'est bien as_sez

lein sich sehn, lei_der sind wir hier zu drei'n, bes_ser als ge_

d'ê _ tre deux, Nous voi _ là trois Il vaut bien, ai _ mer ce là

trennt zu sein, ah_____! Lie_ben_de, die sich ver_stehn

mieux que rien. Ah!_____ Lorsque l'on est a_mou_reux

ah_____ möchten gern al_lein sich sehn!

Ah!_____ C'est bien as_sez d'ê_tre deux,

rit.

suivez

BATH.
Lie_ben_de, die sich ver_stehn, möch_ten gern al_
lors_que l'on est a_mou_reux, lors_que l'on est

BINET
Pp
Lie_ben_de, die sich ver_stehn,
Je sais que les a_mou_reux,

GAST.
Lie_ben_de, die sich ver_stehn, möch_ten gern al_
lors_que l'on est a_mou_reux, lors_que l'on est

p

lein sich sehn, lei _ der sind wir hier zu drein,
a _ mourcux, nous voi _ la trois il faut bien

möchten gern allein sich sehn, bleibt nur immer _ hin zu
ai _ ment fort n'ê _ tre que deux, soyons trois il le faut

lein sich sehn, lei _ der sind wir hier zu drein,
a _ mourcux, nous voi _ la trois il faut bien

bes _ ser als ge _ trennt zu sein, ah
ai _ mer ce _ la mieux que rien. ah!

drein, bes _ ser als ge _ trennt zu sein
bien Mais c'est en cor mieux que rien.

bes _ ser als ge _ trennt zu sein, ah
ai _ mer ce _ la mieux que rien ah!

66

9073

drei'n, doch bes_ser als ge_trennt zu sein, Lie_ben_
bien ai_mer ce_la mieux que rien, lors_que

drei'n, viel bes_ser als ge_trennt zu sein, Lie_ben_
rien ce_la vaut en_cor mieux que rien, je sais

drei'n, doch bes_ser als ge_trennt zu sein, Lie_ben_
bien ai_mer ce_la mieux que rien, lors_que

de, die sich ver_stehn, möch_ten gern al_lein sich
l'on est a_mou_reux c'est bien as_sez d'ê_tre

de, die sich ver_stehn, möch_ten gern al_lein sich
que les a_mou_reux ai_ment fort n'ê_tre que

de, die sich ver_stehn, möch_ten gern al_lein sich
l'on est a_mou_reux c'est bien as_sez d'ê_tre

schn, lei - der sind wir zu drein, ach _____
deux d'ê - tre deux d'ê - tre deux ah!

schn, bleibt nur im - mer zu drei'n, viel bes - ser
deux n'ê - tre que deux n'ê - tre que deux ah!

schn, lei - der sind wir zu drei'n, bes ___ - _
deux d'ê - tre deux d'ê - tre deux c'est bien as -

zu drei'n!
oui deux.

ist es als ge - trennt zu sein!
ai - ment n'ê - tre que deux.

ser als ge - trennt zu sein!
sez c'est bien as - sez d'ê - tre deux.

9072

№ 5.

DUETT.

72

klein, ja es ist dein, zart und klein, ja es ist dein.
gnonne! Ah la fri _ pon _ ne Cu _ chez ca _chez la clé,

ja es ist mein, zart und klein, ist mein.
Qu'elle est mi _ gnon _ ne Char _ man _ te clé,

PAT.
Es öff_net si_cher ei_ne Thü_re, Du kleiner
El_le doit ou_vrir u_ne por_te. As_su_ré_

SAL.
Schä_cker wahr_lich ja, Was ist denn das für ei_ne
ment pe_tit ba_din. Di_tes moi quelle est cet_te

PAT.
Thü _ _ _ re, o sag es mir! Nun die_se
por _ _ _ te! Di_tes le moi Que vous im_

BAL.

Thü — — — re! Sa — ge mir, ach so
por — — — te Oh! dis moi oh dis

sprich, nur wo — hin sie füh — re? Mein Freund,
moi quelle est cet — te por — te! A — mi

PAT.

sie führt zu die — sem Gar — ten
a — mi C'est cel — le du jar —

BAL.   PAT.

da! O welch ein sü — sser Hoff — nungs — schein! Zum Gar — ten
din. Ah pour moi quel es — poir sou — dain. Oui c'est la

p

dies Schlüsse _ lein, so zart und klein, so zart und
Pe _ ti _ te clé, Charman _ te clé, charman _ te

dies Schlüsse _ lein, so zart und
Pe _ ti _ te clé, charman _ te

klein, es ist ein Pfand, es ist ein Pfand, ja ein Pfand in dei _ ner
clé Ga _ ge d'es _ poir ga _ ge d'es _ poir Par l'a _ mour au _ cor-

klein, es ist ein Pfand, in mei _ ner
clé ga _ ge d'es _ poir, Par l'a _ mour au _ cor-

Hand, be _ wahr' es fein, be _ wahr' es fein, dies Schlüsse _
dé. Ca _ chez la clé, ca _ chez la clé, ca _ chez la

Hand, dies Schlüsse _ lein, dies Schlüsse _
dé. ca _ chez la clé, Pe _ ti _ te

lein, so zart und klein, ja es ist dein, es ist ein Pfand in dei-ner
clé, Qu'elle est ni-gnonne Ah la fri-pon-ne Ga-ge d'es-poir ga-ge d'es-

lein, ja es ist mein, es ist ein Pfand in mei-ner
clé, Qu'elle est mi-gnonne Ga-ge d'es-poir ga-ge d'es-

Hand, dies Schlüs-se-lein zart und klein, o wie
poir Ga-ge d'es-poir Par l'a-mour ac-cor-

Hand, dies Schlüs-se-lein zart und klein, o wie
poir Ga-ge d'es-poir Par l'a-mour ac-cor-

fein, dies Schlüsse-lein, so zart und klein es ist dein o wie
dé. Pe-ti-te clé ga-ge d'es-poir Par l'a-mour ac-cor-

fein, dies Schlüsse-lein, so zart und klein es ist mein o wie
dé. Pe-ti-te clé ga-ge d'es-poir Par l'a-mour ac-cor-

fein, dies Schlüsse_lein so zart und kleines ist dein, o wie
dé Pe_ti_te clé ga_ge d'es_poir Par l'a_mour ac_cor_

fein, dies Schlüsse_lein so zart und klein est ist mein, o wie
dé Pe_ti_te clé ga_ge d'es_poir Par l'a_mour ac_cor_

fein, Schlüs_se_lein, zart und klein, es ist dein, ach wie
dé, Par l'a_mour ac_cor_dé, Par l'a_mour ac_cor_

fein, Schlüsse_lein, zart und klein, es ist mein, ach wie
dé, Par l'a_mour ac_cor_dé, Par l'a_mour ac_cor_

cresc.

Andante.

fein!
dé.

Wie? diese Nacht?
Comment ce soir.

fein!
dé.

Ja diese Nacht!
Ce soir a_lors

Diese
Oui ce

fp p

fp p

f

9073

in der dun_keln Nacht, wenn kei_nes Spä_hers Au_ge
toi ton ma_ri se ren_dra Quand tout le mon_de dor_mi_

wacht! Bö_se_wicht, war_ten will ich hier! Dein
ra, Sé_duc_teur on vous at_ten_dra. Vers

Münn_chen schleichet sich zu Dir! Bö_se_wicht, warten will ich
toi ton ma_ri se ren_dra. Sé_duc_teur on vous at_ten_

hier war_ten will ich hier!
dra. on vous at_ten_dra.
Dein Männchen schleichet sich zu Dir!
Vers toi ton ma_ri veil_le_ra.

9073

№ 6.

ROMANCE.

PIANO.

MIMI.

V. 1. Ein Vert —
V. 2. Ich Vert —

Fine.

Kind ist er nimmer-mehr trotz al_ler kna_ben_haf_ten
Vert n'est plus un en_fant, Bien que son air soit sau_
glau_be, er ist ver_liebt, wie schwärme_risch die Lo_cken
Vert est un a_mou_reux, Qui n'a rien de si vul_gai __

Spiele, blickt er schüchtern auch auf uns her, ein Kind ist er nimmer_
va_ge Et qu'il trem_ble en nous par_lant, Vert_Vert n'est plus un en_
wallen, und sein Au_ge scheint so be_trübt, ich glaube, er ist ver_
re Doux re_gard et blonds che_veux, Vert _ Vert est un a_mou_

6074

animé

mehr! | Mit zwanzig Jah_ren mer_ken vie_le, schon
fant. | Il a vingt ans et c'est l'â_ge Ou
_ebt! | Wenn mei_ne Bli_cke auf ihn fal_len, ge_
reux. | Tel qu'il est il sait me plai_re Lo

das Er_wachen der Ge_fühle ach! _____ Ein
commence lo cou_ra_ge Ah! _____ Vert_
fällt er mir vor Andern allen, ach! _____ Ich
res _ to c'est mon af_fai_re Ah! _____ Vert_

Kind ist er nimmer_mehr, ach _____ _ein Kind ist er nim_mer_
Vert n'est plus un en_fant Ah _____ Vert, vert n'est plus un en_
fühl'ich bin selbst ver_liebt, ach _____ ich fühl'ich bin selbst ver_
Vert est mon a_mou_reux Ah _____ Vert, vert est mon a_mou_

mehrt | V.2. Ich
fant.
liebt! | Vert _
reux.

rit

2074 | D. S. al Fine.

№ 7.

FINALE.

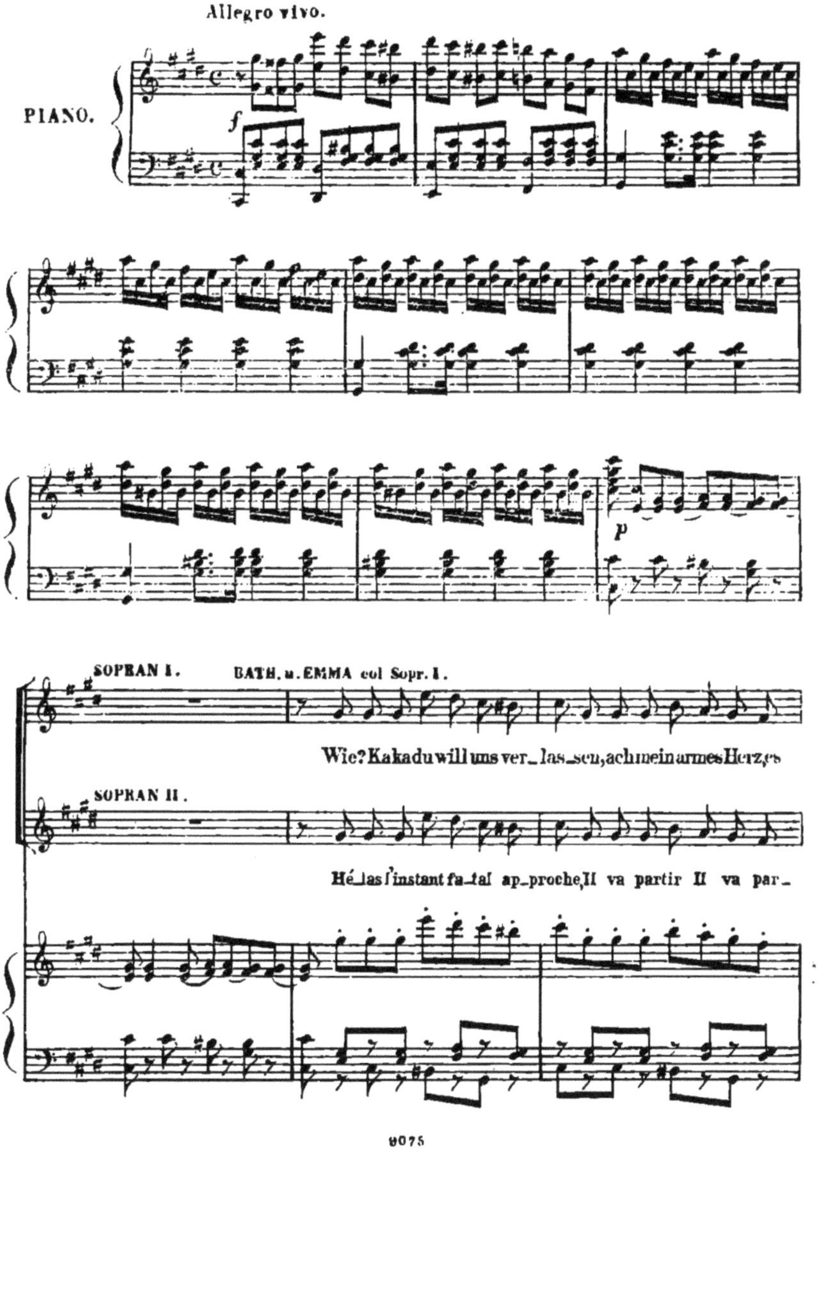
Allegro vivo.
PIANO.
f
p
SOPRAN I.
BATH. u. EMMA col Sopr. I.
Wie? Kakadu will uns ver_las_sen, ach mein armes Herz, es
SOPRAN II.
Hé_las! l'instant fa_tal ap_proche, Il va partir Il va par_

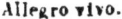

bricht, ach es bricht!
tir! Hé — las

Ich weiss vor Schmerz mich kaum zu
Il va s'en al — ler par le

PAT. col Sopr. II.

bricht, o Gott, mein armes Herzes bricht!
tir! Il va partir Il va par — tir.

PAT.

ach nein, das ü — berleb' ich nicht! Kinder
De douleur je me sens mou — rir, Mes en-

fas — sen, nein, das ü berleb' ich nicht, das ü — berleb' ich nicht!
coche, De douleur je me sens mourir Je me sens mou — rir,

ach nein, das ü — berleb' ich nicht!
De douleur je me sens mou — rir,

jam — mert nicht auf solche Wei — se, es ist nur ei — ne klei — ne
fants un peu de cou — ra — ge. Ce n'est qu'un tout pe — tit voy-

BINET.

Rei_set Ei_len wir, es ist ho_he Zeit, al_les
a_ge. Voi_ci nos pa_quets il est temps, Nous par_

ist zur Rei_se be_reit.
tons dans quel_ques ins_tants.

BATH. u. EMMA col Sopr. I.

Ach Gott, ach Gott!
Hé_las! hé_las!

PAT. col Sopr II.

Ach Gott, ach
Hé_las! ah!

wie Ka_ka_du will uns ver_las_sen, ach mein ar_mes Herz, es
Hé_las l'instant fa_tal ap_proche, Il va par_tir Il va par_

9075

bricht,   ach es   bricht,
tir,   He — — las!

o Gott, mein ar_mes Herz es bricht.
Il va par_tir Il va par_tir

ich weiss vor Schmerz mich kaum zu fas_sen, nein, das ü — ber_leb' ich
Il va s'en al_ler par le coche De dou_leur je me sens mou_

nicht, ü — ber_leb' ich   nicht!   ach vor
rir,   Je me sens mou — rir,   De dou_

ach nein, das ü — ber_leb' ich nicht! ich weiss vor
De dou_leur je me sens mou — rir,   De   dou — leur

VAL.

Soll ich schon fort, welches Vergnü_gen und zugleich Trauer fasst mein Herz, ___
Partir dé_jà vraiment je dou_te Si je dois rire ou m'at_tris_ter ___

fort, hinaus in's Freie zu flie_gen, doch auch verlas_sen welch' ein
Quel plaisir de se mettre en rou_te, Mais quel chagrin de vous quit_

Schmerz, ach! ___   Was hilft Weinen und Klagen der
ter, Ah! ___   Je mets tout dans ma poche Mais

BINET.

Was hilft Weinen und Klagen der
Pour_quoi donc dans sa po_che Met_

RATH. col Sopr. I. u. EMMA col Sopr. II.

Was hilft Weinen und Klagen der

CHOR.

PAT. col Sopr. III.

Mets ce _ ci dans ta po_che Mets

96

9075

rührt,   der Wa — gen ist da!
là   Le coche est là   le coche est là!

da   ach seht, der Wa — gen ist schon da!
là   Le coche est là   le coche est là!

führt, ach seht, der Wa — gen ist schon da!
là   Le coche est là   le coche est là!

là   Le coche est là   le coche est là!

f

Animez.   MIMI.

Gehst du auch von hier,   ver-lässest
Puis-que tu t'en vas   loin de

p staccato

mich,   ich   fol — ge
moi,   Je   te sui —

8075

Dir,   die Lie — be wird den Muth mir
vrai.   l'a — mour m'a don — né de l'au —

ge — ben, und wenn Dich Ge — fah — ren uu —
da — oe, Si quel — que pé — ril te me —

schwe — ben. fürchte nichts, theu — rer
uu — ce, Ne crains rien cher Vert —

Freund, ja ich wach' ü — — ber
Vert, Je se — rai près de

Dich!
tei..

RATH. u. EMMA col Sopr. I.

Welch bitt _ rer Schmerz_____ er _ fasst mein
Hé _ las hé _ las _____ Vert _ Vert s'en

PAT. col Sopr. III.

Welch bitt _ rer Schmerz er _
Hé _ las hé _ las hé _

BINET.

Doch was hilft das Weinen und
Mais nous al _ lons manquer le

Herz! _____
va _____

fasst mein ar _ mes Herz!
las Vert _ vert s'en va!

Kla_gen wir versäumen sicher den Wa_gen!
co_che, Oui nous al_lons manquer le co_che.

Ach _____

Ah! _____ ah!

RATH.

Seht da ist schon der Wagen, er muss von uns scheiden, ach welch Missgeschick

EMMA.

Du dé _ part l'heure sonne, Vert_Vert va par_tir Ah! quel dé_plaisir,

PAT.

Seht da ist schon der Wagen, er muss von uns scheiden, ach welch Missgeschick

VAL.

Seht da ist schon der Wagen, ich muss von Euch scheiden, ach welch Missgeschick

BINET.

er Euch

Du dé _ part l'heure sonne, Oui je dois par_tir Ah! quel dé_plaisir,

all' das Weinen und Kla - gen hält Euern theu-ern Freund nicht mehr zu -

Si je vous a - bandon - ne, Bientôt près de vous je dois re - ve -

all' das Weinen und Kla - gen hält unsern theu-ern Freund nicht mehr zu -

Vert - Vert nous a - bandon - ne, Ah! comment parvenir A le re - te -

ere - scen - de

Presto.

rück, o Miss - ge - schick, ich geh' von Euch, o Miss - ge -

nir Oui re - ve - nir A - dieu a - dieu il faut par -

er geht

rück, o Miss - ge - schick, er geht von uns, o Miss - ge -

nir Quel dé - plai - sir A - dieu Vert - Vert il faut par -

f

schick, lebt wohl, ich keh_re bald zu_rück, ich geh' von Euch o Missge_
tir Rien ne sau_rait me re_te_nir, A_dieu, a_dieu il faut par_

schick, lebt wohl, wir keh_ren bald zu_rück, er geht von Euch o Missge_
tir Rien ne sau_rait me re_te_nir, A_dieu, a_dieu il faut par_

schick, leb' wohl, und keh_re bald zu_rück, er geht von uns o Miss_ge_
tir Rien ne sau_rait le re_te_nir, A_dieu Vert_Vert il faut par_

schick lebt wohl ich keh_re bald zu_rück, lebt wohl, lebt
tir Rien ne sau_rait me re_te_nir, A_dieu, a_

schick lebt wohl wir keh_ren bald zu_rück, wir gehn von Euch o Missge_
tir Rien ne sau_rait me re_te_nir, A_dieu, a_dieu, a_dieu, a_

schick leb' wohl und keh_re bald zu_rück, leb' wohl, leb'
tir Rien ne sau_rait le re_te_nir, A_dieu, a_

schick leb' wohl und keh_re bald zu_rück, er geht von uns o Missge_
tir Rien ne sau_rait le re_te_nir, A_dieu, a_dieu, a_dieu, a_

ACT II.

ENTR' ACT.

N.º 8.
CHOR DER DRAGONEROFFICIERE

108

0077

110

GASTON.

tan _ tin, ha für uns, ha für uns welch ein Oh _ ren _

tri _ ce Des dra _ gons des dra _ gons doit ga _ guer le

schmaus. Sie em _ pfängt von uns Hul _ di _
Des vail _ lants dra _ gons doit ga _

coeur. Sie em _ pfängt von
Des vail _ lauts dra _

gung, ist die Sän _ ge _ rin hübsch und
gner doit ga _ gner le coeur le

uns Hul _ di _ gung ist sie hübsch und
gons doit ga _ gner doit ga _ gner le

jung, ja un _ s're Huld _ guug, ist sie hübsch

coeur Des dra _ gons doit ga _ gner le coeur,

und jung.

le coeur.

Allegretto moderato.

f p

GASTON.

In den wir al_le zwei den schönen Da_men huld'gen, fühlst du zu_we____
En venant comme moi fai_re la cour aux bel_les, Ne te sens tu pas

nicht auch den Ge_wis_sens_biss. Ich bin ein E_he_mann, da giebt's nichts zu ent_
là quel qu'ombre de re_mord? Mes ma_nières d'a_gir sont as_sez na_tu_

BERG.

schuld'gen, es ist recht schlecht v. uns, ich füh_le das ge_wiss. Doch da man uns ge_
rel_les, Nous sommes ma_ri_és j'en demeure d'accord. Mes comme l'on nous

GASTON.

trennt von uns're lie_ben Frau_en, bringt uns die Lange_weil' hier um in Gar_ni_
a_né_pa_rés de nos fem_mes, Comme on nous les re_fuse, il te semblé évi_

9077

G.

treu und lie _ ben unsre Frau _ en, und machen wir die Cour, geschieht's aus Den _ p'ra _

B.

fond fi _ dè _ les à nos femmes, Si nous aimons ail _ leurs ce n'est qu'en at _ ten _

G.

tion.

B.

dant.

mf

GASTON. (à la Corilla)

Empfan _ gen Sie mein Kind, hier die bescheid'_ nen Veilchen, die duftend blühten
Ac _ cep_tez belle en _ fant ces humbles vi _ o _ let _ tes Qui na_guere embau_

9077

à part.

G.

Wir sind am En_de treu und lieben unsre

B.

Stimm'nichts als ein Spat_zen_ton. Nous sommes dans le fond fi_dè_les à nos
seul leur lan_ga_ge charmant.

_pp_

Frau_en, und ma_chen wir die Cour geschieht's aus Des_p'ra_tion, wir sind am En_de

fem_mes, Si nous aimons ailleurs ce n'est qu'en at _ten_ dant. Nous sommes dans le

treu und lieben unsre Frau_en und machen wir die Cour, geschieht's aus Des_p'ra_

fond fi_dè les à nos femmes, Si nous aimons ailleurs ce n'est qu'en at _ten_

Allegretto.

tion.

CORILLA.

Wie bin ich tief ge_rührt, die _ ser Em_pfang,
L'ai _ mable at _ten_ti _ on! et quel ac _cueil,

er ist so charmant, Ihr Herrn, Sie
quel ac _ cueil charmant. Mes _ sieurs, on

sind wahr_haft ga_lant! Ja! Sie
n'est pas plus ga_lant. Ah! on

8077

120

GASTON

BERG.

CORILLA.
Recit.

Maestoso.

sind wahrhaft ga_lant! O spre_chen Sie wie lan_ge
n'est pas plus ga_lant. Et di_tes nous Rei_ne des

schen_ ken, hierorts zu weil'n, Sie uns das Glück? In welcher
bel_les Combien de temps vous gardous_nous? Aurons_nous

Rol_le Sie ge_den_ken sich zu zei_gen das Er_ste
des piè_ces nou_vel_les? Par quels rô_les commencez_

mal? Mit welcher Rol_le ich fange an, wie kañ ich jetzt das
vous? Quels rô_les di_tes_vous, ma foi Je n'en sais rien en_

9077

Andantino.

sa _ gen? 'sliegt auch nicht viel da _ ran!   Wer frägt denn
co _ re, Mais que m'importe à moi,   Les plus beaux

nach ___ dem Wort, dem fa _ den, es ist ja ge _
vers ___ sont ton _ jours fa _ des, Et ne va _ lent

nug, ___ sing' ich ___ Rou _ la _ den. Zum Bei spiel
pas ___ nos ___ rou _ la _ des, Des

so!   so geht's in ei _ nem fort, o _ der
ah!   c'est tout ce qu'il me faut. Des

Var.

a tempo

8077

122

so!
ah!

ja so geht's im_mer
ebat tout ce qu'il ne

fort,
faut.

mö_gen noch so schön sie auch dich_ten, ach wer wird sich den darnach
Des po_ë_tes les plus ha_bi_les Les pa_ro_les sont i_nu_

rich_ten, man ver_steht oh_ne_dies ja kein Wort,   man ver_steht   ja kein
ti_les,   Car on n'en comprend pas un mot,   pas un mot,   pas un
                                                pressez

Wort!
mot

ach
ah!

f

9077

man versteht ja kein
non, pas un

Var.

ja man ver_steht ja kein

Allegretto.

Wort!
mot!

CORILLA.

v. 1. Ich ha_be Frankreich ganz durch zo_gen's gieb kei_nen Ort, wo ich nicht
v. 1. J'ai par_cou_ru tou_te la Fran_ce, De_puis le nord jus_qu'au mi_
v. 2. Mir wur_den man_che Huldi_gun_gen, ich war oft rauschend ap_plau_
v. 2. J'ai ren_con_tré dans bien des vil_les, De bons bourgeois s'y con_nais_

9077

sang,   ü _ ber _ all sind mir Krän _ ze ge _ flo _ gen, ich fand den
di   Et je peux dire en cons _ ci _ en _ ce Que je crois
dirt   ich ha _ be auch öf _ ters schon ge _ sun _ gen und hat kein
sant,   Ils étaient là cal _ mes tranquil _ les, Du bout des

glän _ zend _ sten Em _ pfang. Ich ha _ be mich mit Ruhm be _
a _ voir ré _ us _ si. Ci _ tés vil _ la _ ges ei bour _
Fin _ ger sich ge _ rührt. Mich stach gar oft der Kri _ tik
doigts ap _ plau _ dis _ sant. Mais je me plais à vous le

poco rit.

suivez

la _ _ den, und mir er _ wor _ ben rei _ che Gunst, rückt' ich her _
ga _ _ des, J'ai tout char _ mé par mes suc _ cès, Tout encha _
Na _ _ del, man sprach und schrieb viel blau _ en Dunst. was kümmert
di _ _ re L'in _ tel _ li _ gence et le bon goût L'em _ por _ te _

da wissen Bei_fall zu ge_win_nen die er_sten Sänge_rin_nen,
C'est que l'on sait ren_dre jus_ti_ce A la canta_tri_ce

das versteht am besten man schon wo Gar_ni_son da herrscht bon tou
Dans les vil_les de garnison. On a raison, Le goût est bon,

am besten ist's zu sin_gen schon ach! ____ wo Gar _ ni_
Dans les vil_les de gar_ni_son ah! ____ de gar _ ni_

suivez

son!
son.

CHOR.

Allegro.

Allegro.

Heu _ te singt ei _ ne De _ bü _ tan _ tin das er _ ste _

Quand dé _ bute u _ ne can_ta _ tri _ ce La gar _ ni _

mal im Schauspielhaus, ei _ ne hüb_sche Di_let _ tan _ tin, ja für

son hi_reud hon_neur. Jenne et belle u_ne ac _ tri _ ce Des dra _

uns, ja für uns welch ein Oh _ ren _ schmaus!

gons des dra _ gons doit ga _ gner le coeur.

Nº 9.
ARIETTE.

Allegretto.

PIANO

BELLECOUR.

v.1. Er schlug zu mit ei _ nem
v.2. Al _ so riss mich fort der
A _ près m'a _ voir heur _ té,

Sto _ sse, so dass der Kopf mir noch saust. _
Stru _ del und je _ de Hoff _ nung ent _ schwand
pous _ sé, et m'a _ voir don _ né des coups

Dann warf er mich aus dem
'Sap _ por _ tir _ te mich ein
Il m'a hors du co _ che

907x

130

sag _ te mir mein In _ stinkt, mag auch die Loire so
n'est pas bon _ ne, ma foi, pas bon _ ne à boi _ re

rei _ zend noch flie _ ssen, wenn die A _ bend _ son _ ne
l'eau de la Loi _ re El _ le n'est pas bon _ ne, ma

sinkt, _ a _ ber ihr Was _ ser ist nicht zu ge _ nie _ ssen
foi, pas bonne à boi _ re l'eau de la Loi _ re,

es schmeckt nicht gut, es schmeckt nicht gut, wenn man es
Lors _ que l'on la.... lors _ que l'on la lorsque l'on

p   cresc.

wi _ der Wil _ len trinkt! es schmeckt nicht gut,
la boit mal _ gré soi! lors _ que l'on la...

N.º 10.

HALLELUJA.

No 11.
BARCAROLE.

VALENTIN.

Sinnend sass am Schif_fes_rand ein jun_ger
Le ba_teau marchait lente_ment, Poussé par

sempre

Mann, der mit uns ge_fah — — ren
le vent et _ la ra — me,

pressez un peu

Lächelnd ihm zur Sei_te stand ein hol_des Kind von achzehn
Un é_pour, peutêtre un a_mant, Causait près d'u_ne jeu_ne

Jah — — ren   Da plötzlich
fem — — me,   Tout en cau_

wand _____ te sie sich von dem Mann _____
sant _____ ain _ si, la da _____

sempre *pp*

___ und sah lächelnd mich an, ach ___
___ me me re _ gar _ dait, Ah ___

sie sah mich lä _ chelnd an.
et ___ sou _ ri _ ait.

suivez

pressez le mouvement

139

animez un peu

In _ dess auf dem Schiff die Ma _ tro _ sen stan _ den in
Pendant ce temps là, mon voy _ a _ ge al _ lait son

Grup _ pen hier und dort, und man _ cher eilt in stür _ mischen
train le ma _ te _ lots, gens peu dé _ cents dans leur lan _

To _ sen an mir vor _ bei mit har _ tem Wort, mit Ru _ dern
ga _ ge, tenaient de _ sin _ gu _ liers pro _ pos. Plus d'un, en

Tau _ en, Ki _ sten, Bal _ len stie _ ssen sie mich bald dort, bald
a _ vant, en ar _ riè _ re, me heur _ tait sans cri _ er ho _

9080

da, ich sah und hör _ te nichts von Al _ lem, denn die
là, Mais je ne m'en oc _ cu _ pais guè _ re, Car la

Schö _ ne war mir so nah, die Rei _ zen _ de war mir so
bel _ le était tou _ jours là, Oui la belle é _ tait tou _ jours

nah, die Rei _ zen _ de war mir so nah! Und noch
là, La belle é _ tait tou _ jours là. Et tou _

un _ mer schaut ich nach ihr, mein Au _ ge blieb be _ zau _ bernd
jours mes yeux re _ ve _ naient A ce jeune et charmant vi _

_ gen, ein Seufzer ent_wand   ach _____
ge, Je sou _ pi_rais!   ah _____

retenez jusqu'à la fin

_____ sich der be_klemmten Brust,   als ich
et   je me tai _ sais,   Hö_

suivez

pp

träu_mend vor ihr stand _____ in nie ge_ahn_ter
las! je sou _ pi_rais.   et   me tai_

Lust.   attacca
sais

solo

Nº12.
DUETT.

Allegro.

CORILLA.

PIANO.

Ha, wel_ches Ta_
Ah! l'hom_me char-

lent, es ist e_mi_nent zur Büh_ne ge_schaf_ _
mand a_vec quel ta_lent il chan_te_rait _ _

_ _fen, ich wet_te vor lau_ter Appl_laus er_tö_net das
ma scè_ne! com_me de_main soir on vient_rait nous

Haus, singt er mit mir Du_et_ _ _ _ _ _te t
voir, La sal_le se_rait plei_ _ _ _ _ne

War je _ nes Mäd _ chen in der Nä _
Ain _ si cet _ te fem _ me é _ tait bel _

VALENTIN.

_ he so schön wie ge _ schildert Sie mir. Ich fühl' mein Herz, wenn
le Et ses re _ gards é _ taient fort doux? Je crois en _ core être

ich sie se _ _ _ he, so schla _ gen als ständ' ich vor ihr.
au _ près d'elle _ _ _ En me trouvant au _ près de vous.

animez un péu

CORILLA.

Ha _ ben mir den _ noch ab _ ge _ schla _ gen die Bit _ te um
Et ce _ pen _ dant à ma pri _ è _ re Mon _ sieur vous a _

VALENTIN.

solch' Klei_nig_keit,   Nein, Sie sol_ _len sich nicht be_
vez ré_sis_té.   J'eus grand tort   mais plus de co_

kla_ _gen,   se_hen mich zu Al_lem be_ reit,
lè_ _re   Je fe_rai   vo_tre vo_lon_ té

rit.
sehn Sie mich zu Al_lem be_reit.
Je fe_rai   vo_tre vo_lon_té

p suivez   rit   diminuendo

CORILLA.

War je_ nes Mäd_chen in   der Nä_ _
Ain_si   cet_ te   fem_me é_tait   belle

p

TERZETT.

GASTON.

Hier zwei Dra_go_ner, die ver_liebt, doch lei _ der muss _ ten
Il é _ tait deux dra _ gons un jour, qui se mouraient mour_

BERG.

tief be _ trübt ih _ re Frauen ver_las _ _ sen
raient d'a _ mour. Où sont el _ les nos bel _ les

GASTON.

Ih_re Frauen ver_las___sen. Siehst du viel_leicht au

BERG.

Si vous a_vez vu

näch_sten Tag die lieb' Ge_sicht_chen nun so sag',
par ha_sard

quel_que part leur gen_til mi_nois nun so
quel_que

nun so sag', dass wir grüssen sie las___sen.
don_nez nous de leurs nou_vel___les

nun so sag, dass wir grüssen sie las___sen.
part don_nez vous de leurs nou_vel___les

p

GASTON.

Sie müs _ sen uns zu ih _ nen füh _ ren.
Al _ lons il faut tout nous ap _ pren _ dre

MIMI.

Nein, nein, nie _ mals wil _ li _ ge ich
non non je ne puis y con _ sen _

ein. Öff _ ne ih _ re Ker _ ker _ thüren, öff _ ne ih _ re Ker _ ker_
tir. Quel che _ min faut _ il prendre? quel che _ min faut _ il

BERG.   GASTON.

thü _ ren, ach wir ster _ _ ben vor Pein! Ach wir
pren dret en _ fin lais _ sez vous at _ ten _ drir laissez

BERG.

6082

GASTON.

mein Lieute_ nant!
mon lieute_ nant.

mein Co_lo _nel!
mon co_lo _nel,

BERG.

ral!
ral!

mein Ca_pi_tain_
mon ca_pi_tai_ne

mein Ge_ne
mon gé_né_

Feld_marschall Lieutnant Ex_cel_lenz!

ral,
ral!

mon ma_ré_chal, mon ma_ré_chal!

f

sf

mein Comman_dant und Feld_mar_schall!

mon ma_ré_chal mon ma_ré_chal

sf

G. Mein Co _ lo _ nel sehn Sie un _ se _ re Pein!
Mon co _ lo _ nel laissez vous at _ ten _ drir.

B. mein Ge _ ne _
mon gé _ né _

p

GASTON.

ral ach Sie wil _ li _ gen ein! Mein Ca _ pi _ tain!
ral lais _ sez vous at _ ten _ drir. mon ma _ ré _ chal!

BERG. GASTON.

Mein Co _ lo _ nel! Mein Ge _ ne _ ral!
mon ma _ ré _ chal! mon ma _ ré _ chal!

MIMI. Allegro.

An der al_ten Ci_ta_del_le, dicht bei dem Stift ne_ben_an,
Au mur de la ci_ta_del_le, est je dois te ré_vé_ler,

da ist schadhaft ei_ne Stel_le, wo man hi_nein schlüp_fen kann
u_ne brè_che par la _quel_le on pour_rait se fau_fi_ler

BERG.

Wo hinein man schlüpfenkann.
on pourrait se fau_fi_ler.

GASTON.

Wo hin_ein man schlüpfenkann.
on pourrait se fau_fi_ler.

MIMI.

Dann kommt ei _ ne Pa_li_sa_de, die a _ ber taugt nicht mehr viel,
En _ sui _ te u _ ne pa_lis_sa_de, Mais qui ne tient pas du tout,

160

Mi.

ü _ ber die hin _ weg ge _ ra _ de kommen Sie leicht an das Ziel!
u _ ne frê _ le bar _ ri _ ca _ de et dont vous vien _ drez à bout

BERG.   GASTON.

Kommen leicht wir _ an das Ziel!   Kommen leicht wir _ an das Ziel!
oui nous en viendrons à bout.   oui nous en viendrons à bout.

fp   fr _
p _

MIMI.

A _ ber Ei _ nes sei vor Al _ lem klug und wei _ se ü _ ber _ legt,
el le a qua _ tre pieds à pei _ ne seu _ lement mé _ fi _ ez vous,

rings um _ her da lie _ gen Fal _ len, die den Wöl _ fen man ge _ legt!
tout près qu'il vous en sou _ vien _ ne sont les piè _ ges à loups.

9u×2

die_se Pfor_te,
Oui la gril_le

zu?
sez?

ist a_ber im_mer

zu?
sez?

die_se Pfor_te,
ah la gril_le

la gril_le tient as_

Ja
Oui

und ge_lingt' es dann zu sprengen
mais vous l'on_vri_rez sans don_te

zu!
sez.

p

MIMI

ein drei_ssig Pfund schwe_res Schloss, dann geh'n Sie von sie_ben Gän_gen
Gar_dons au moins l'espoir, Et vous sui_vrez vo_tre rou_te

grad' auf den mit_tel_sten los. Dann stehn mit_ten Sie im Klo_ster,
En pre_nant un long cou_loir, Au mil_ieu du ré_fec_toi_re

sind dem Ziel zwei Schritte nah, be_ten Sie ein Pa_ter_no_ster und schreien
Ce couloir vous con_dui_ra, Vous pourrez cri_er vic_toi_re U_ne fois.

Vic_to_ri_a! be_ten Sie ein Pa_ter_no_ster und schreien
ar_ri_vés là. Vous pourrez cri_er vic_toi_re. U_ne fois

cresc.
Ja wir ste_ _ hen in dem Kloster und sind dem

cresc.
Nous pour_rons cri_er vic_toi_re, U_ne fois

cresc.

Muth 's wird Al _ les gut, Al _ _ _ les

vous ren _ con _ tre _ rez al

Muth 's wird Al _ les gut, Al _ _ _ les

gut.

lez.

gut.
a tempo

FINALE.

Allegro marziale.

PIANO.

f

CHOR der DRAGONER.

Tenor.

f

Theure Freunde, sprechet was ver_lan_get ihr? Auf Euren Ruf in

Bass.

f

Chers amis, que vou_lez vous? que vou_lez vous? A votre appel nous

9003

172

GASTON.

ganzer Zahl er_scheinen wir!
venous tous, nous venons tous.

Ein kleines Mahl, zu dem die Künstler wir ge_
Nous voulons vous pri_er de parta_ger la

la_den, hier in die_sem Saa — le fin — det's statt, nehmt Theil ihr da_
fê_te, Qu'à tous les ac_teurs Nous of_frons un peu de bon

ran, 's kañ nicht scha — — den frohe Lust und Wein liebt ja der Sol_
vin dans la fê — — te N'est pas pour de_plai — re aux dra_

9083

174

DIRECTOR u. BERG.

Der Eh_ren _ platz ge_büh_ret Ka_ka_du!
Gloire à Vert _ Vert gloire au triou_pha_teur!

du!
teur!
du!

Der Eh_ren _
Gloire à Vert
Der Eh_ren _

G. Zur Ta_ _ fel, zur
A ta_ _ ble à
D. Zur Ta_ fel, zur

platz ge_büh_ret Ka_ka_ du!
Vert gloire au tri_om_pha_ teur!
platz ge_büh_ret Ka_ka_ du!

9083

G.

dass in Scherben sie springen,   lasst den An_stand,
Pourront cas_ser leurs ver_res,

Bi.

Au dia_ble les

B.

dass in Scherben sie springen,   lasst den An_stand,
Pourront cas_ser leurs ver_res

Tenöri.

An dia_ble les

Director col Basso
Bassi.

lasst den An_stand,

_f_   _p_   _f_

G.

die feinenSit_ten, singt und ju_belt aus voller Brust,   wer nichtmit trinkt

Bi.

helles maniè_res,   Avec eux ja_mais de façons,   Leurs al_lu_res

BERG. col Tenor II.

die feinen Sit_ten, singt und ju belt aus voller Brust,   wer nichtmit trinkt

helles maniè_res,   Avec eux ja_mais de façons,   Leurs al_lu_res

ЯОНЗ

wird nicht ge_lit_ten, hier nur herr_schet fröhli_che Lust,

sont ca_a_liè_res. A_mu_sons nous gais compagnons,

Sopr:

wird nicht ge_lit_ten, hier nur herrschet fröhli_che Lust,

sont ca_va_liè_res, A_mu_sons nous gais compagnons,

bei den Drago_nern geht es so zu, und bis zum Morgen ist keine

A la dra gonne en_tre dra gons, à la dra gonne entre dra_

VAL. col Sop.I.

bei den Dra_go_nern geht es so zu, und bis zum Morgen ist keine

A la dra gonne en_tre dra gons, à la dra gonne entre dra_

bei den Drago_nern geht es so zu, und bis zum Morgen ist keine

cresc.

Ruh, la_chet, sin_get Glä_ser klin get, la_chet sin_get,

gons.! . vous chantons bu_vons. chantons! bu vons_chantons!

Ruh, la_chet, sin_get Glä_ser klin_get, la_chet sin_get,

gons, bu _ vous chantons bu_vous chantons! bu_vonschantons!

Ruh, la_chet, sin_get Glä_ser klin get, la_chet sin_get,

f

Glä ser klinget, la_chet, singet, tanzet. Glä_ser er_klingt!

GAST. col Tenor I. BINET. col Tenor II...

buvonschantons! buvons chantons buvons chantons bu _ vons

Glä_ser klinget, la_chet, singet, tanzet, Glä_ser er_klingt!

9083

En _ de wer wird denn gar so säumig sein, von Blei sind dei _ ne Hän _ de,

GAST.

Die

lö _ re, Vos deux mains sont el _ les de plomb Vous ne les le _ vez guè _ re. Et

En _ 'de wer wird denn gar so säumig sein, von Blei sind dei _ ne Hän _ de,

GASTON.

Fla _ sche hier ist gar so schwer, sie hal _ ten, macht Be _

la bouteil _ le que voi _ là, Est trop lourde ma

schwer _ de, Drum trink' sie auf der Stel _ le leer, dann

chè _ re, Don _ nez nous nous char _ geons de la reu _

9085

VALENTIN.

ed _ _ ler Ri _ val. _ Sie ha_ben auch noch Glück
vaux gé _ né _ reux L'af_faire une an _ tre_fois

BELLECOUR.

viel_leicht ein an_der_mal. Das soll ein Sän_ger sein?
Pour vous tour _ ne_ra mieux. L_ pro_fil n'est pas mal

GASTON.

sein ho_hes B ist ein Scan_dal! Der jun_ge
Mais il n'a pas mes yeux. Quel chan_ge_

Mann hat viel Ta_lent, ich muss ge_ste_hen in kur_zer
ment en peu de temps Je peu _ se vous a _ vez

VALENTIN.

Zeit so ganz ver_wan_det ihn zu sehn.   Es ist
pris cette as _ su _ ran _ _ ce   Il est

wahr   ich hab' ü_ber Nacht   er _ staun _ li_che
vrai   qu'en très peu d'ins _tants   J'ai fait des

Fort_schritte ge _ macht.   Hast nichts zu   fürchten,
pro_grès é_ton_nants   Ah mon bon mai_tre

BINET.

mein Va_len_ tin,   die Sor_ge für dein Wohl   be_
ne craignez rien, Moi je me grise aus_si   mais

6053

BINET.

wirkt, dass ich schon ganz be _ trun _ ken bin,
c'est mais c'est oui c'est c'est pour mon bien

betrunken bin.
c'est pour mon bien.

Andante non troppo.
GASTON.

So nehmt das Glas zur Hand un_sern Freund Kaka-

BERG.

Vert_Vert et vous la belle à vous deux nous bu_

9083

TRINKLIED.

Traube reift mit seinen Glu _ then, o wie lieb ich perlen _ den
ous ont fait mû _ rir la grap _ pe Que j'ai _ mé voir ce vin ver _

CORILLA.

Dir meinem
Beau ca _ va _

Wein! Ich leer das Glas der Schönheit zu Eh _ ren
meil. Je bois à vous ma bel _ le da _ me,

Ritter sei's dar _ ge _ bracht:
lier Je bois à vous.

Möchte die Gegen _ wart e _ wig doch
Le pré _ sent é _ tî _ vre mon

COR. f

Nun ihr Freunde stosst an ___ und trinkt, da die Freude ja winkt!

VAL.

versez amis ver_sez ___ a_mis versez versez tou_jours!

GAST.

Nun ihr Freunde stosst an ___ und trinkt, da die Freude ja winkt!

BERG.

versez amis ver_sez ___ a_mis versez versez tou_jours!

BIN.

Nun ihr Freunde stosst an ___ und trinkt da die Freude ja winkt!

versez amis ver_sez a_mis versez versez tou_jours!

Nun ihr Freunde stosst an ___ und trinkt da die Freude ja winkt!

versez amis ver_sez a_mis versez versez tou_jours!

CORILLA.

Singet dem Wein und der Lieb' Ju_bel_
Tout en chan_tant l'amour et la jeu_

lie _ der, fröhlich stimmet al _ le mit ein, drückt uns der
nes _ se, Buvons ce vin qui vient de loin. Et de chas_

Gram und die Sor_ge auch nie _ der tröstet Lie be und feu_ri _ ger
ser l'impor_tu_ne tris _ tes _ se, Gaîment remet_tons lui le

9083

CORILLA.

VAL.

an und trinkt, da die Freude ja winkt!

sez A__mis versez versez tou__jours.

an und trinkt, da die Freude ja winkt!

sez A__mis versez versez tou__jours.

an und trinkt, da die Freude ja wiukt!

sez A__mis versez versez tou__jours.

an und trinkt, da die Freude ja winkt!

sez A__mis versez versez tou__jours.

9083

wird denn gar so säumig sein _____ von Blei sind dei _ ne

deux mains sont el les de plomb _____ Vous ne les le _ vez

wird denn gar so säumig sein _____ von Blei sind dei _ ne

Hän _ de _____ ja piff und paff und paff!

guè _ re _____ Et pif! et paf! et paf!

Hän _ de _____ ja piff und paff und paff!

208

ACT III.

ENTR'ACT.

Nº 15.

TANZSTUNDE.

BALADON.

Treu, gäb es auch Tän_zer nur da _ bei! Nun mei_ne
seurs, S'il n'y man_quait pas les dan_seurs! Lá main_te_

Treu, gäb es auch Tän_zer nur da _ bei!
seurs, S'il n'y man_quait pas les dan_seurs!

Moderato.

Da_men ruh'n Sie aus genug für heut, lassen Sie Äst_
_nant repos_ez vous, re-po-sez vous has ar_dons un

_the _ tik uns trei_ben, wie sich der Tanz ent_
peu d'es_thé _ ti_que, Et je_tons sur la

_wickelt hi _ sto_rischbe _ schreiben, von dem Alterthum bis zur jetzi_gen
danse un coup d'oeil his_to _ ri _ que, Depuis les an _ ciens jus_qu'à

9085

Zeit,   von dem ALter _ thum bis zur jet _ zi _ gen Zeit.
nous,   De puis les an _ ciens   jus _ qu'à nous.

Andante maestoso.

BALADON.

Un _ ge _ mein so _ lid und fein als noch   die Va _ lois re _
Au _ tre _ fois, sous   les Va _ lois, D'un air   plus chas _ te que

P   P

_ gier   _   ten,   tanzte man ei _ nen   keuschen Reih'n,
Dia _ _ ne   Con _ dui _ sant les nym _ phes des bois,

214

den Pa_va _ ne sie ti _ tu _ lir _ ten.
No _ tre cour dan_sait la pa _ va _ ne.

Hoch die Fe _ der   am seid' _ nen Ba_rett, den
Le front haut _   l'é _ pée au co _ té,

De _ gen zur Sei _ te, mit fei _ ner Gra _ zie und
Tout é _ _ tait grà _ oe tout é _ tait grâce   et

Ma _ je _ stüt.
ma _ jes _ té.

ROSS

Un peu moins vite.

Hier _ auf er _ fand man die Me _ nu _ et _ te,
Plus tard, plus tard re _ gna le me _ nu _ et,

die Hand be _ we _ guug und die Kör _ per _ nei _ _ gung
Ses ré _ vé _ ren _ ces et _____ ses pas _ _ ses

den gemess'nen Schritt, die zier _ li _ che Ver _
De la po _ li _ tes _ _ se et _____ des

_ beu _ gung, es war der Glanz der E _ ti _ kette, ja der E _ ti _ ket _ te!
grâ _ ces, Semblaient un é _ légant re _ flet un é _ légant re _ flet _____

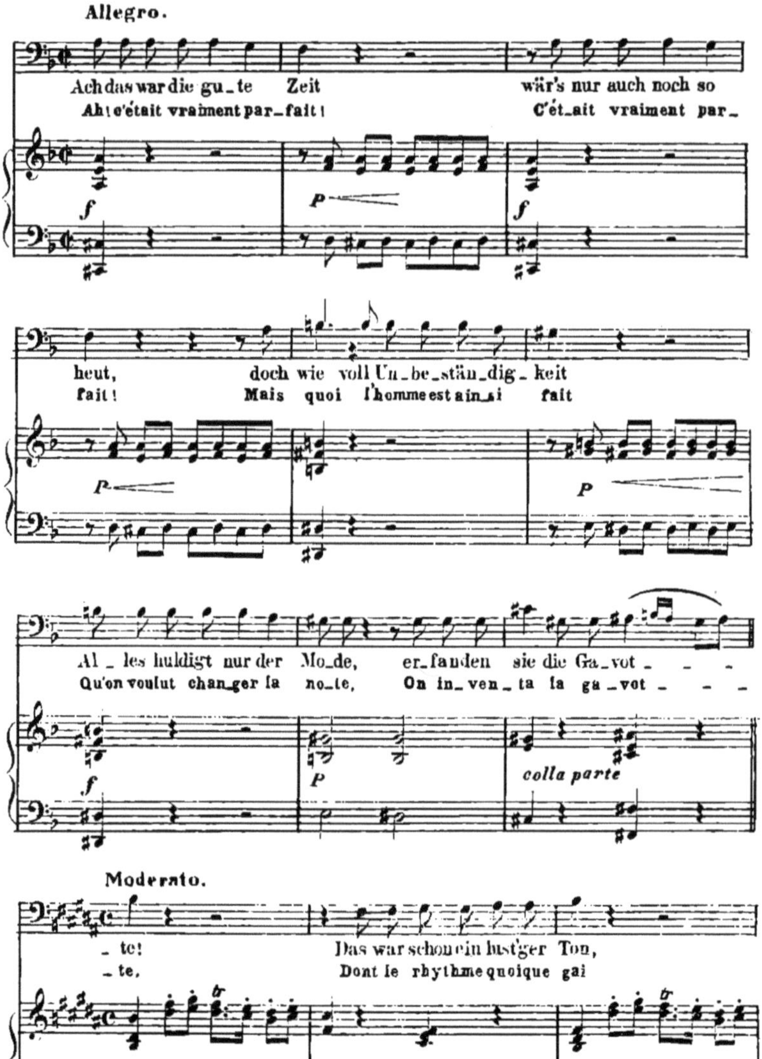
Allegro.
Ach das war die gu_te Zeit wär's nur auch noch so
Ah! c'était vraiment par_fait! C'ét_ait vraiment par_
f
p
heut, doch wie voll Un_be_stän_dig_keit
fait! Mais quoi l'homme est ain_si fait
Al_les huldigt nur der Mo_de, er_fanden sie die Ga_vot_
Qu'on voulut chan_ger la no_te, On in_ven_ta la ga_vot_
colla parte
Moderato.
_te! Das war schon ein lust'ger Ton,
_te, Dont le rhythme quoique gai

aber noch voll Distinction,   ein lust'ger Ton   voll Distinc.
Et ait en_cor distin _ gué,   é_tait en_cor   distin_

_tion.
_gué.

Moderato.   GAVOTTE.

Es kam dann die Sa _ ra _ ban _ _ de,
A _ lors vint la sa _ ra _ ban _ _ de

die man von Spa _ nien
Pro _ duit du sol _

_ Es _ pa _ gnol puis tant la rage é _ tait
brach _ te her, 's lo _ cker_ten sich al _ le

Ban _ de der Sitt _ sam _ keit, Zucht und
gran _ de de tout chan _ ger in _ no _

Ehr! Man führte ein die Al_le_man de, die Al_le_
ver On im_por_ta l'al_le_man_de l'alle_

man _ _de!
man_ _ _de!

Moderato. VALSE ALLEMADE

8085

222

So riss die Sucht wie vor und eh' nach
Dansoet_te rage in _ sen_sé _ e Les

Neu_em uns oft zu weit, und man tanzt bei
cho ses sui _ vant leurs cours, Bref on en vient

jetz' ger Zeit so_gar schon die Fri_cas_
de nos jours A dan ser la fri_cas_

_séc, ja man tautzt die Fri _ cas_
sé _ e A dan _ ser la fri _ cas_

Même mouvt
BAL.

Ja der jet_zi_ge Ge _ schmack geht schon immer mehr Zick_
En _ tre les goûts dê_pré _ sent, Et ceux qui regnaient a -

_ zack und die gu _ ten al _ ten Zei _ ten wird man
vant, Com _ bien la dis _ tance est gran_de Et tout

nie uns mehr be _ rei _ ten, und ich se _ he deut_lich
bas, je me de _ man _ de, Jus _ qu'où donc n'i _ ra_t_on

schon, 's wird noch im _ mer schlechter wer _ den, _ je _ der
pas, Lors dans un loint_ain mi _ ra_ge Je crois

Nº 16
ARIE.

228

_no _ ren muss man su _ chen wie die _ se Herrn Dra _ go _ ner
là dans la mé _ mo _ ire, Les plus charmants pe _ tits ju _

sind. Beim Trin _ ken hatt' ich's gar ge _
rous. Et puis j'ai bu bu comme un

_ trof _ fen ich trank Champag _ ner gut frap_pirt und
dia _ ble, Bu du cham _ pa _ gne tant et

frisch ich sah den gan _ zen Him _ mel
plus. Et j'ai ter _ mi _ né sous la

BINET. VAL. BIN. VAL.

animato

Tisch ja piff und paff ja piff! und paff piff paff
-sus. Et pif! Et paf! et pif! et paf! et pif

ja piff und paff, so schenke ein Frau
et pif et paf! Et ver-sez donc, ma-

Wir-thin oh-ne En-de, wer wird denn gar so
-da-me l'ho-te-liè-re, Et pif et paf et

Al_les mi_li_tai_risch so sagt ein Lieu_nant vom Dra_
_me la guer_re, C'est la cou_tu_me c'est la cou_

rit. **Allegro marziale**

_go_ner Re_gi___ment.
_tume au ré_gi___ment.

colla parte

mf

Be_sin_nen thun wir uns nicht lan_ge___
A la Fran_çaise á la hou_zar_de___

da heisst es mu_thig drauf und dran!___
At_ta_quant l'en_ne_mi de front___

Uns ist vor Wi _ der _ stand nicht
Au pre _ mier rang de l'a _ vant

ban _ ge wir greifen den Feind von vor _ ne
gar _ de Au tri _ ple ga _ lop _ charge à

animé

an! Habt Acht Sol _ da _ ten, auf und nie _ der, jetzt hau _ en
fond, Ranges vous là mes _ de _ moi _ sel _ les, La tou _ tes

wir im Stur _ me ein, die Mäd _ chen in die er _ sten
met _ tez vous en rang, Et vous al _ lez mes ché _ res

Glieder, die al _ te Gar _ de hin _ ter _ drein!
bel les Voir ce qu'on nomme un feu rou _ lant!

Ja
ah!

Kreuz _ don _ ner _ wet _ ter, Sap _ per _ ment Sie seh'n, ich
Ah ven _ tre _ bleu! cor _ bleu! mor _ bleu! Parbleu! vous

_ment, 'sist noch nicht Al_les, was ich kann! Kreuz _ sap_per_
bleu ce n'est pas tout Non tê _ te _

_ment, Potz Hin _ mel_e_le_ment, was ich noch kann!
_bleu ce n'est _ pas tout!

Nº 17

DUETTINO.

VAL.

Wei — se? —— Das Al — les hab' ich pro — fi —
ra — ge! —— Vous le voy_ez j'ai pro — fi —

MIMI.   **VAL.**

_tirt auf meiner Rei — se! Ach ja ich seh's! Ach!
_té de mon voy_a — ge. Oui je le vois!... ah ——

Ach —— er darf es sa — gen, und ich
Ah! —— par — lez! peut — ê — tre —— Vous se_

Ach —— lass Dir es sa — gen, Theu — re
Ah! —— Je crois re — naître, De moi

Du liebst mich! Ich lie _ _ be _
Vous m'ai _ mez! je vous ai _ _ _

lieb' Dich! Ich lie _ _ be _
ai _ me! je vous ai _ _ _

_PP_

Dich!
_ me!

Dich!
_ me!

sempre PP

rit.

Nº 18.

ENSEMBLE.

VAL. PP
Ach ___ Sommer_nacht! ___ lei_ses We _ hen, ach ___ ver_

MIMI. PP
Nuit ___ nuit d'é _ té ___ Nuit char_man_te Ah ___ pro_

BATH. u. EMMA. PP
Ach ___ Sommer_nacht! ___ lei_ses We _ hen, ach ___ ver_

GAST. PP
Ach Sommernacht! lei_ses We _ hen, ach ___ ver _
Nuit d'é_té Nuit charman_te Ah ___ pro_

BERG. PP
Ach Sommernacht! lei_ses We _ hen, ach ver_läng're den
Nuit d'é_té Nuit charman_te Ah pro_lon_ge ton

_ läng' _ re den Lauf, ___ hör' der Lieb ___ heis_sen

lon _ ge ton cours ___ oui ton om _ bre transpa_

_ läng' _ re den Lauf, ___ hör' der Lieb ___ heis_ses

_ läng're den Lauf, hör' der Lie _ be heisses Fle _ hen,
lon_ge ton cours oui ton om _ bre transpa_ren _ te

Lauf ver_läng're den Lauf hör'der Lie _ be heisses Fle _ hen,
cours pro lon_ge ton cours oui ton om _ bre transpa_ren _ te

Allegro. BATF.   EMMA.

Doch sprich mein Freund ist's nicht ei_ne Sün_de?   So wie Ver-
N'est_ce pas mal de fuir cet_te de_meu_re!   Faut_il par-

GASTON

_bre_cher von hier durchzu_gehn!   O fra_ge nicht, und komm ge_
_tir comme des cri_mi_nels,   Il le faut bien car voi_ci

VALENTIN.

_schwinde, dass wir in Si_cher_heit uns sehn.   A_ber.
f'heu_re.   Nous de_vons ê_tre ponc_tu_els.   Mais on

MIMI.

horch! es raschelt in den Zweigen. Soll te sich ein Ver_fol_ger
vient qui vois_je pa_rai_tre! C'est nous qu'on cherche peut

macht, es flieht das Licht der Son ne, und sucht die dunk'le

_tants Car un a _ mour hon _ nê _ te Fut permis de tout

macht, es flieht das Licht der Son _ ne, und sucht die dunk'le

_tants Car un a _ mour hon _ nê _ te Fut permis de tout

macht, es flieht das Licht der Son _ ne, und sucht die dunk'le

_tants Car un a _ mour hon _ nê _ te Fut permis de tout

macht, es flieht das Licht der Son _ ne, und sucht die dunk'le

Nacht, ein Stelldichein, das glücklich macht sucht immer nur die dunkle Nacht!

temps fut permis permis de tout temps fut permis permis de tout temps!

Nacht, ein Stelldichein, das glücklich macht sucht immer nur die dunkle Nacht!

temps fut per_mis permis de tout temps fut permis permis de tout temps!

Nacht, ein Stelldichein, das glücklich macht sucht immer nur die dunkle Nacht!

temps fut permis permis de tout temps fut permis permis de tout temps!

Nacht, ein Stelldichein, das glücklich macht sucht immer nur die dunkle Nacht!

Nacht, sucht immer nur die dunkle Nacht, ja ___ die Nacht.

temps oui fut permis de tout temps de ___ tout temps

Nacht, sucht immer nur die dunkle Nacht, ja ___ die Nacht.

temps oui fut permis de tout temps de ___ tout temps

Nacht, sucht immer nur die dunkle Nacht, ja ___ die Nacht.

temps oui fut permis de tout temps de ___ tout temps

Nacht, sucht immer nur die dunkle Nacht, ja ___ die Nacht.

Allegro.

BAL.

Was soll dieses hef_ti_ge Läuten?
Qui doncpeut ve_nir a cette heure!

PAT.
O
Déf_

Him_mel, was kann das be _ deu _ ten?
_froi l'on veut donc que je meu _ re!

CHOR DER PENSIONÄRINNEN.

Nº 19.

FINALE.

_rein!

_gons!

CHOR DER DRAGONER

Allegro marziale

_rein!   Hier sind Drago_ner,

_gons!   Il é_tait cent dra

die   ver_liebt, und fra _ gen, was   es Neu _ es giebt

gons   un jour Qui tous les cent   mou_raient d'amour...

Allegro.

PAT.

Ach lassen Sie sie nicht her_ein   Gut ich wil_li_ge ja

Ah grand Dieu ne descendez   pas!   Oui!   je consens à

'swird Al_les gut im Au_gen _ blick.

Et tous nos chagrins sont fi _ _ nis.

'swird Al_les gut im Au_gen _ blick.

_blick.
nis.

'swird Al_les gut im Au_gen _ blick.

Et tous nos chagrins sont fi _ _ nis.

VAL. (zu PAT.)

Und nun kann man ge _ trost
Et oes jeu _ nes en _ fants

Ih _ ren Händen ver _ trau _ en _ die lie _ ben Kin _ der
A vos bonssoins re _ mi _ ses _ En rien en

hier _ 'swer _ den Al _ le noch Frau _ en, und
rien _ Ne se _ ront com _ pro _ mi _ ses Cha _

e _ he ein Mo _ nat vor _ bei, ist kei _ ne mehr
ou _ ne j'en fais le pa _ ri! I _ oi, _ trou _ ve _

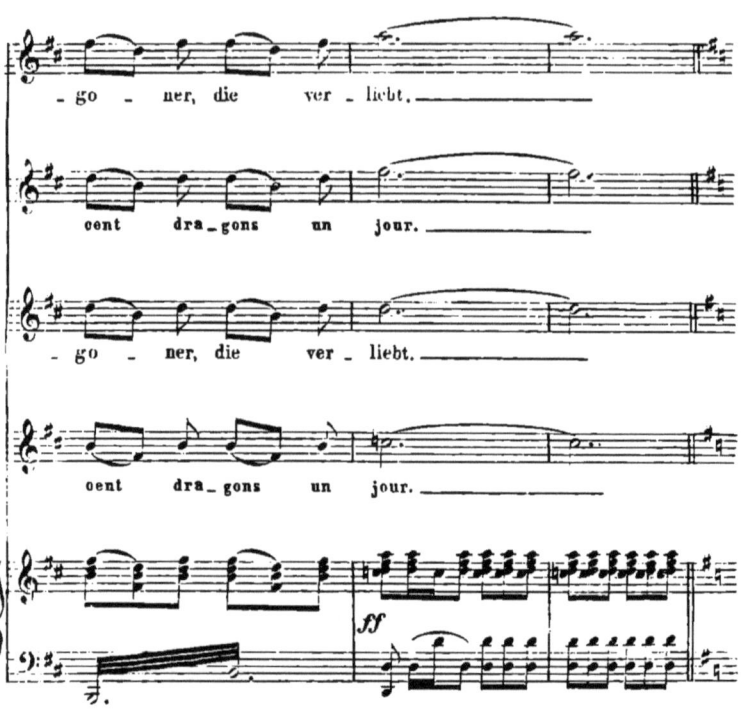

_go _ ner, die ver _ liebt. _____

cent dra_gons un jour. _____

_go _ ner, die ver _ liebt. _____

cent dra_gons un jour. _____

Allegro marziale.
VAL.

Tausend Drago _ ner, die ver_liebt, doch lei _ der muss _ ten tief betrübt
Il é_tait cent dra_gons un jour, Qui tous les cent mon_raient d'amour...

ih_re Frauen ver_las _ sen ih_re Frauen ver_las _ sen
Où sont el_les nos bel _ les? où sont el_les nos bel _ les?

VAL. MIMI. BATH. c. Sopr. I. EMMA. PAT. c. Sopr. II.

Siehst Du vielleicht am näch_sten Tag ihr lieb' Ge_sicht_chen

GASTON c. Ten. I. BIN. BERG. c. Ten. II.

Si vous a _ vez vu quel _ que part Leur gen _ til mi _ nois

BAL. c. Bass

Siehst Du vielleicht am näch_sten Tag ihr lieb' Ge_sicht _ chen

CHOR.

ff

schön sie grüs _ sen las _ _ _ sen.
nous de leurs nou _ vel _ _ _ les.

schön sie grüs _ sen las _ _ _ sen.
nous de leurs nou _ vel _ _ _ les.

schön sie grüs _ sen las _ _ _ sen.
nous de leurs nou _ vel _ _ _ les.

schön sie grüs _ sen las _ _ _ sen.
nous de leurs nou _ vel _ _ _ les.

FINE.